POEMES SUR LA

DIFFERENCE

Préface pour le recueil de poèmes de Manuela Seguinot dans le cadre du projet « Dessine-moi un poème pas comme les autres »

Il était une fois un bonhomme rond dans un monde carré. Lorsque l'on parlait de lui, on entendait les mots « différent », « autre », « hors norme » … Ou encore « extraordinaire ». Il aimait bien ces qualités que l'on lui attribuait mais sentait bien que cela le séparait de ses semblables. Il ne passait aucune porte sauf au prix d'innombrables efforts de transformation qui lui prenaient tout son temps, toute son énergie et toutes ses ressources intérieures. Au fond, il trouvait ça injuste de devoir se forcer à changer mais voulait à tout prix faire comme « tout le monde ». Alors, le jour, il habillait son visage du sourire le plus radieux qui, le soir venu, succédait à une profonde tristesse qui le hantait jusque dans ses rêves. Il était souvent fatigué, le bonhomme rond.

Ce bonhomme-là, c'est toi, moi, tout un chacun car nous sommes tous différents. Nous n'avons pas la même couleur de peau, pas le même timbre de voix ni la même couleur des yeux. Pas les mêmes centres d'intérêt, pas les mêmes intelligences car elles peuvent prendre des formes multiples. Mais au fond, nous aspirons tous à vivre en harmonie et à trouver notre voie, dans la paix et la bonne humeur. Vivre tous ensemble, tout simplement et sans jugement.

Ce bonhomme-là, ce sont aussi tous les êtres qui naissent différents. Touchés par la maladie ou le handicap, ils ne rentrent dans aucune case, ne correspondent à aucune norme et même s'ils arrivent à « faire semblant », ils ne peuvent ressembler à leur voisin et finissent souvent délaissés sur le bord d'une route ou de l'autre côté de la porte, attendant une main tendue ou un regard bienveillant. Hélas, à toute vitesse, y défilent indifférence et mépris. Le bonhomme ne suit pas le rythme et se sent seul.

Notre fille est née « différente ». Sa vie n'est pas une partie de plaisir car, souffrant de nombreuses pathologies graves, elle est privée de la vue, de la parole et de la marche. Elle ne franchira aucune porte d'aucune école « ordinaire » mais ouvrira celle de milliers de cœurs : elle nous apprend tous les jours la tolérance, la patience, la force d'être ce que l'on est, sans vouloir changer ce qui ne peut l'être. Elle attire les regards, étonnés ou plein de pitié parfois, mais nous montre par son courage que seuls les échanges de cœur à cœur comptent.

Notre fille nous éclaire et nous guide, malgré un quotidien prenant et le rythme soutenu des prises en charge, d'interminables dossiers administratifs et de rendez-vous en tout genre. Elle efface la frontière

4

entre ces deux mondes qui existent en parallèle et nous invite à en parler autour de nous. Agir, sensibiliser, aller de l'avant.

C'est donc tout naturellement que notre association, « Rêvez Etoiles », créée en 2018 pour notre fille Stela de 3 ans, fait des actions en ce sens. « *Dessine-moi un poème pas comme les autres* » en fait partie et l'authenticité et la simplicité de Manuela nous ont convaincus qu'au fond, en unissant nos forces, nous serions plus forts pour affronter les représentations bien dures dans cette société très normée qui a du mal à accepter toute forme d'écart. On le fait pour notre enfant et tous les autres qui souffrent en silence, privés d'école ou de structure adaptée, moqués dans une cour de récréation ou subissant le poids d'une transformation forcée entravant leur personnalité et leur être le plus profond.

Pour tous ces « bonhommes » que nous sommes et que vous êtes, pour tous ces enfants « hors norme », nous avons décidé d'agir pour espérer, un jour, un peu plus de bienveillance et pour que les portes s'ajustent aux « ronds » et aux « carrés », de la même façon. Sans effort inutile, sans devoir se justifier, sans attendre.

Catherine BRULIN, Maman de Stela et Présidente de « Rêvez étoiles »

J'ai envie de hurler,

Tellement je suis effrayée,

Par l'homme que tu vas devenir,

Qui peut être me fera souffrir

Parce que tu feras des mauvais choix,

Et défieras les lois,

De mauvaises fréquentations,

Et de nouvelles tentations,

Jouer avec l'interdit,

Et avoir du mépris.

On ne pourra t'aider, Tu

nous auras rejeté,

Car à force de vouloir te

protéger,

Tu te sentiras étouffé

Nous ne sommes que tes parents,

Et avons peur du temps,

Qui passe trop vite,

Sans que l'on s'abrite.

Comment te protéger,

Toi que l'on a tant aimé ?

De toutes ces dérives,

Qui nous mette sur le qui-vive

Surtout sois prudent,

Il faut être vigilant

Ne prends pas de drogue,

Même si c'est en vogue,

Ni d'alcool,

Même si tu décolles,

Nous serons toujours là pour toi,

Quoi qu'il en soit,

Et si tu as besoin d'aide,

Il y a d'autres remèdes.

Il n'y a pas de recettes magiques,

Pour que ta vie soit chic,

Tu devras lutter,

Pour faire valoir tes idées,

Et ne pas sombrer,

Pour ceux qui t'ont aimé

Un jour, tu seras père,

Il y aura de quoi être fier,

Tu lui montreras le chemin,

Pour qu'il se sente bien,

Et pour que chaque jour,

Il ressente ton Amour.

Je suis en colère,

De voir toute cette misère,

Moi qui passe ma vie,

A aider mes amis,

Et ceux que je ne connais pas,

Sans savoir pourquoi

Je ne suis pas Faustine Bollaert,

Mais je suis toujours en alerte,

Comme Samuel Le Bihan,

Je cours tout le temps,

Hélas pour Nagui,

Je manque de mélodie…

Je voyage à travers Domitille Cauet,

Qui nous fait rêver,

Aux côtés de Paul,

Et de tous les Mongols

Quant à Maxime Gillio,

Ce n'est pas du gâteau,

La communication avec Gabrielle,

Peut faire des étincelles,

Mais tel un super-Papa,

Il lui écrira…

J'ai découvert la jolie Louise (Carole
Boudet),

Qui prépare ces valises,

Pour changer d'horizon,

Et trouver une nouvelle maison,

Avec ses parents,

Qui nous livre ses talents,

Dans un superbe livre,

Qui nous donne la force de vivre,

Malgré la différence,

Et le manque de tolérance

Et pour mon plus grand bonheur,

Un illustrateur (Peter Patfawl),

Qui n'a pas froid aux yeux,

Et fait ce qu'il peut,

Pour nous sensibiliser,

Sans pour autant exagérer,

Et faire changer les mentalités,

De certains étriqués

Il y en a qui chante,

Pour sortir ce qui les hante,

Car lorsqu'il y a de l'injustice,

Ses poils se hérissent,

Il s'agit d'une Maman Courage
(L'originale K),

Qui sort sa rage,

Pour son enfant différent,

Qu'elle aime tant

 Et sur sa trottinette,

A travers les mouettes,

 Un papa qui se bat,

Sans avoir eu le choix,

Pour le joli Gabin,

Qui lui montre le chemin,

Vers le bonheur,

Avec ses rollers.

Je suis maman,

Je m'inquiète tout le temps

Pour mon garçon,
Qui est un vrai tourbillon

Qui devra vivre,
Ou plutôt survivre

Dans ce monde effrayant,
Qui repousse ceux qui sont différents
Parce qu'ils ignorent,
Que ce sont des vrais trésors

Qui nous font grandir,

Et garder le sourire
Et avoir la chance,
De connaître la tolérance

Mais hélas, méfiance,
Car pour la différence
Rien est gagné,
On n'a pas fini de batailler
Pour que l'inclusion,
Se pointe à l'horizon

Il y a encore beaucoup à faire,
Pour que vous puissiez plaire
Mais surtout,
Vivre auprès de nous

Rester discrète,
Et ne pas faire la fête

Car on doit faire bonne impression,
Et ne pas succomber à la pression

D'une multitude d'ennuis,
Que vous n'avez pas choisis

Alors qu'habituellement,
Vous foncez gaiement

Avec le sourire,
Sans jamais faillir

Allant au bout de vos idées,
Et toujours sensibiliser

Sur la différence,
Car on manque de tolérance

Que ce soit dans les écoles,
Parce qu'on rigole

Ou dans la rue,
Remplie d'ingénues

Car on ne parle pas,
Du handicap, Pourquoi ????

Moi mon papa,
Il est extra

Il est toujours là,
Quoi qu'il en soit

Il me fait rêver,
On adore s'amuser

Il me conseille,
Pendant je m'éveille

Lorsque je tombe,
Il arrive en trombe

Il me fait découvrir,
Tout ce qui peut me faire grandir

Et m'apprend,
Que je dois être vigilant.

Sous son aile,
Je me rappelle

À quel point il est bon,
D'être sous sa protection

Je me souviens,
Tous les matins

Que je peux grandir,
Et m'épanouir

Car avec mon papa,
Je suis fou de joie

Le droit à la scolarisation,
Un jour ils l'auront

Sans que l'on doive se battre,
Encore moins en débattre

Car nos enfants vont grandir,
Et ne devront plus subir

Les injustices de notre société,
Qui ne fait que reculer

Alors que tous ensemble,
Il suffit que l'on se rassemble

Pour vivre mieux,
Avant que l'on devienne vieux

Ils doivent s'instruire,
Pour pouvoir se construire

La vie dont ils rêvent tant,

Eux, qui deviendront parents

Dans la vie,
Il y a des rêves
Un peu de folie,
Et beaucoup d'élèves

Pour aider nos enfants,
Il y a les AESH
Qui ne font pas semblant,
Et ne jouent pas à cache-cache

Elles/Ils accompagnent au quotidien,
Tous nos petits chérubins
Afin qu'ils puissent accéder,
À l'école de la liberté

Car malgré leur différence,
Ils doivent garder leur innocence

Ils ont droit à l'éducation,
Sans que nul ne se pose de questions

Sans que l'on s'en aperçoive,
Un lien se tisse
Il n'y a pas d'entraves,
Mais beaucoup de malice

Et surtout beaucoup d'affection,
Que de bonnes résolutions ...
Derrière ce projet,
Il y a du talent

Car il fallait du toupet,
Pour évoquer ce sujet grinçant
Mais surtout de l'humanité,
Pour voir la vérité

De ce qu'est la réalité,
De l'accès à la scolarité

Dès lors qu'il y a handicap,
Se dresse une nouvelle étape

Alors qu'il serait naturel,
Qu'il n'y ait pas d'étincelles

Parler des AESH,
Est un sujet qui fâche

Du fait de la méconnaissance,
Et du manque de reconnaissance
De ce qu'ils/elles peuvent apporter,
Tout au long de l'année

Ce n'est pas parce que je ris,
Que je n'ai pas de soucis

Je me lève chaque matin,
En me disant que ça ne changera rien

De me morfondre sur mon sort,
Il fallait que je tape fort

Pour aller au bout de mes convictions,
Et garder mes opinions

Car on fond de moi,
Il y a tant de désarroi

De voir tant de souffrance,
Par manque de tolérance

Mais aussi à cause de l'ignorance,
De ceux qui excluent la différence

La beauté de ces enfants,
Qui sont si attachants

Et leur sourire,
Me donne l'envie de leur dire

Que je ne baisserais pas les bras,
Tant qu'ils seront là

Et que nous les aimerons,
Tels qu'ils sont

Lorsque tu souris,
Tu me donnes l'envie

De continuer ce combat,
Qui te remplira de joie

Pour que tu sois accepté,
Sans que nous ayons à crier

Parce que tu nous ressemble,
Même si certains tremblent

Parce que ta différence, Impose
la méfiance

Alors qu'elle devrait,
Imposer le respect

Car ton combat au quotidien,
Est hélas le refrain

D'une injustice,
Qu'il faut que tu subisses

Et les propos dérangeants,
De beaucoup d'ignorants

Qui n'ont jamais souffert,
Nous devons les faire taire

Un jour ils verront,
Que nous avions raison

Qu'être à vos côtés,
Nous avons tout à gagner

Avec mes super pouvoirs,

Je garde le secret espoir

Qu'un jour nous serons réunis,

Pour des jours de folies

Où chacun aura sa place,

Sans que nul nous dépasse

Car nous sommes tous différents,

Et nous serons gagnants

Que si nous nous acceptons,

Sans faire de révolution

Nous avons la chance,

De connaître la différence

On a tellement à gagner,

D'être tous rassemblés

Et à vivre ensemble,

Car on se ressemble

Avec cet enfant,

Je ferai des pas de géant

Car il est différent,

Mais ne fait pas semblant

De savourer sa vie,

Et n'a pas de répit

Il doit devenir grand,

Et être épatant

Pour ne pas être isolé,

À cause de ceux qui doivent ignorer

Que la différence,

N'est pas une malchance

Bien au contraire,

Il y a de quoi être fier !!

Je regarde cet enfant, Avec
émerveillement

Car il sourit à la vie,
Sans aucun autre souci

Que de profiter de ceux qui l'aime,
Et c'est tout un poème

Aimer un enfant,
Nous rend différent

Ils nous font grandir,
Et n'ont de cesse de s'épanouir

Dans ce monde qui tremble, Alors
restons ensemble !!

Avec cette jolie fleur,

Envoles toi vers le bonheur
Parce que tu as encore la chance,
D'avoir pour toi l'innocence

De grandir paisiblement,
Avant d'entrer dans le tourment
D'une société arriérée,
Où tu te sentiras jugée

Par des personnes malveillantes,
Qui sont surtout inconscientes
Du mal qu'elles peuvent faire,
Mais tu n'es pas faite pour leur plaire

Tu devras te protéger,
Pour ne pas être blessée
Par ceux qui auront des propos,
Qui te donnerons des maux
Qu'on ne peut panser,
Qu'en étant acceptée

La différence n'a pas de couleur,

On ne doit pas avoir peur,
Elle peut faire souffrir,
Alors que nous devrions sourire

Devant ces enfants extra-ordinaires,
Qui ont tout pour nous plaire
Ils sont différents,
Mais ont beaucoup de talent

Ils rayonnent de joie,
Et n'ont pas le choix,
Que de se battre au quotidien,
Pour trouver le chemin,
Qui les amèneront à destination, D'un
monde qui nous réunirons

Forts de leur différence,
Ils grandissent avec prudence,
Car l'inclusion est encore loin,
De l'esprit de certains crétins

Être parent,

Ça n'a rien d'évident,

Il n'y a pas de mode d'emploi,

Il faut juste qu'on y croit

Parfois on a peur,

Et ça nous crève le Cœur,

On est angoissé,

De ne plus pouvoir les protéger

On leur souhaite le meilleur,

Sans jamais être ailleurs

Qu'à côté de nous,

Et le reste on s'en fou !!

Impossible de tout contrôler,

Il faut les libérer

Les laisser grandir,
Au risque de souffrir,

Ils feront des bêtises,
Quoiqu'on dise,

Ils tomberont,
Et nous les ramasserons,

On les aimera,
Malgré leur choix,

En cas de problème,
On leur dira qu'on les aime

La peur n'évite pas le danger,
Il faut s'y résigner

Ce sont nos enfants,
Nous n'avons pas le temps

D'essayer de se projeter,
Il faut en profiter

On ignore de quoi sera fait demain,
Alors passons notre chemin

Sans nous retourner,
Continuons à nous aimer

Le cœur d'un parent,
Doit être très grand

Il doit y avoir beaucoup de place,
Pour gérer les angoisses

Puis, jour après jour,
Donner beaucoup d'Amour

Être papa,
Ne nous laisse pas le choix

De veiller sur eux,

Comme l'huile sur le feu

Car on veut leur bonheur,

Mais nous avons peur

Et pour les mamans,

Ce n'est pas plus rassurant

Toujours sur le qui-vive,

Et rester attentive

Car quoiqu'il se passe,

On restera tenace

Pour accompagner nos enfants,

Qui vont devenir grands

Depuis très longtemps,
On me dit que je suis différent

J'ai besoin de répéter les choses,
Pour voir la vie en rose

Mais si tu veux me parler,
Tu n'as qu'à essayer

Je ne dois pas te faire peur,
Ça fera mon malheur

Je suis comme les autres enfants,
Je peux être amusant

Et si tu me donne cette chance,
Je gagnerai en confiance

Ce n'est pas facile d'être observé,
Je voudrais me cacher

Il y a beaucoup de regards,
Que je trouve un peu trop noirs

Alors que ce dont j'ai besoin,
C'est beaucoup de câlins

Et d'aller à l'école,
Sans que je dégringole

Profiter de la vie,
Et avoir des amis

Parfois il faut m'aider,
Pour que je reste connecté

Mon esprit s'envole souvent,
Mais pas pour longtemps

Je te livre ma vie d'autiste,
Mais tu ne dois pas être triste

Je rêve de nouveaux horizons,
Qui nous mènerons vers l'inclusion.

Depuis que je suis née,

Tout est bouleversé

Maman qui pleure,
Remplie de douleurs

Papa est silencieux, Ce qui n'est pas
mieux...

J'ai envie de grandir, Et de changer
l'avenir

Mon chromosome en plus,
N'est que du plus !!

Pour faire changer les regards,
Il faut y croire

De toutes ses forces,
Comme les bêtes féroces

Et pour   ceux   qui   feront   des
commentaires,

Je leur demanderai de se taire

Quel dommage qu'ils ne se rendent pas compte,
Que la différence n'est pas une honte

Bien au contraire,
Nous sommes Extra-ordinaires

La trisomie,
Fait partie de ma vie,

Accompagnée de ceux que j'aime,
Je ne serai pas la même

Je vais me battre chaque jour,
Et pour toujours

J'aimerais être acceptée dans cette société si cruelle,
Sans que personne ne s'en mêle

Mais aujourd'hui le respect,

A un drôle d'aspect

La différence,
Est une malchance

Pourtant, la Trisomie,
N'est pas une épidémie

Nous avons un cœur,
Qui a le droit au bonheur

Parce qu'à cause de notre handicap,
On doit se vêtir d'une cape

Qui balayera sur son chemin,
Tous ceux qui ne comprenne rien

Parce que nous sommes parents,
Nous devons être méfiants,

Car nous vivons dans une société,
Où nous devons lutter,

Pour le respect de nos Ados,
Je ne vous fais pas de tableau...

Il va y avoir des sujets,
Qui auront un drôle d'effet.

Accepter le handicap,
N'est pas une étape

Ça nous colle à la peau, Et
nous fait mal au dos.

Des regards malveillants,
Qui nous font grincer des dents

Aux sourires,
Qui me font vomir

Car ils ne sont que le reflet, De
ce qui les distraits.

Car ils ne connaissent pas,
Ce que signifie le combat

D'accompagner des Ados,
Qui vont nous faire tomber de haut

Lorsqu'il faudra évoquer,
Ce qu'est la sexualité

Où trouver une solution,
Pour aborder la contraception

Mais aussi tendre la main,
Pour essuyer leur chagrin

Nous n'aurons d'autre choix,
Que de leur tendre nos bras

Car l'amour est universel,
Et va mettre son grain de sel

Sur le chemin de nos enfants,
Qui deviendront parents

Et qui à leur tour,
Écouterons les beaux discours

D'une société qui se veut inclusive,
Mais qui est sur la défensive

Mais je garde espoir,
Qu'ils pourront entrevoir

Le chemin vers l'inclusion,
Qui mettra fin aux discriminations

Je suis Maman,
Et je n'ai plus le temps,

D'écouter ces longs discours, Qui me fait
monter dans les tours.

Nous parlons d'inclusion,
Mais il n'y a jamais de solutions

Pour ces familles en détresse,
Qui ne connaissent que la tristesse

Face à cette solitude,
Qui devient une habitude

Devant se résigner,
A être isolés,

Et devoir se cacher,
Pour ne pas être dévisagés

Tous ignorent que la différence,
Peut-être d'une extrême violence

Que l'Autisme,
Peut-être un cataclysme

Parce que le Handicap,
Passe à la trappe

Car il fait peur,
A tous ces meneurs

Qui imposent aux gens,
D'exclure ceux qui sont différents

Il est grand temps d'évoluer,
Et enfin respecter,

Ce pour quoi on s'est battu,
Et que l'on a obtenu

Notre Liberté,
Qui ne doit pas être bafouée

Alors haut les Cœurs !!
Direction le Bonheur

Pour les enfants,
Ne perdons pas de temps

Il y a plein de choses faire,
Et on ne doit pas se taire

Parce que la liberté d'expression,
N'est pas une résolution

Il ne faut pas parler de la sexualité,
Car ça peut choquer

Mais aussi faire peur, Cherchez
l'erreur...

Aux âmes sensibles,
Qui ne sont pas crédibles

Le handicap,
Passe à la trappe

Les professionnels,
A la poubelle
Et les parents,
Ne sont pas intéressants

Parce que trop parler,
Peut déstabiliser

Les petits malins,
Qui passent leur chemin

Dès qu'il faut affronter,
La dure réalité

Nous devons nous exprimer,
Sans avoir à nous soucier

Des opinions de chacun,
Qui ne changeront pas notre quotidien

Parce   qu'aujourd'hui dans notre société,
On doit se battre pour notre liberté

Et pour le respect,
Ça manque de progrès

Il y a les petits,
Pas très jolis

Les grands,
Pas intéressants

Il y a les fins,
Pas très malins

Et puis les gros,
Que l'on nomme de tous les maux

La différence,
N'est pas une évidence

L'acceptation,
Une résolution

Pourtant la tolérance,
Serait une chance

Pour certains cas,
On ne choisit pas

La maladie,
N'est pas une épidémie

La souffrance,
Réveille la méfiance

Car aujourd'hui,
Il y a le mépris

Si on ne se respecte pas,
On ne parviendra pas

A obtenir un monde meilleur,
Où nous n'aurons plus peur

Avant de parler,
Il faut y être autorisé

Pour ne pas subir de représailles,
Dès lors que tu travailles

Même s'il y a danger,
Tu ne dois pas alerter

Car ça pourrait déranger,
Ceux qui sont concernés

Mais je fais le choix,
De mener ce combat

De continuer de m'exprimer,
Pour défendre mes idées

Surtout pour les enfants,
Que j'aime passionnément

Et pour l'avenir,
Qui devrait s'éclaircir

Lorsque nous aurons gagné,
En toute dignité

Le droit au respect,
Sous tous ses aspects

Et je n'ai pas peur,
De défendre mes valeurs

Je me lèverai chaque matin,
Pour tenir la main

De ces enfants Extra-ordinaires,
Qui ont tout pour plaire

Parce qu'ils sont sans filtres,
Et se fichent des grands titres

Ils préfèrent s'amuser,
Et savourer leur Liberté

Dans tes yeux,
Il y a de l'espoir

Ce qui est malheureux,
C'est que nous sommes peu à le voir

Je cherche ton contact,
Pour égayer mon quotidien

Car tu as cet impact,
Qui me fait tellement de bien

Il y a nos fous rires,
Que nul ne peut transcrire

Et cette relation,
Remplie de passion

Je suis tellement admirative,
De te voir si combative

Car malgré ta différence,
Dont tu te balances

Tu profites de la vie,
En bonne compagnie

Tu sais t'entourer,
De ceux qui sauront t'aimer

Et te débarrasser avec subtilité,
De ceux qui te seront d'aucune utilité

Toi qui me lis,
Sans avoir compris

Qu'il m'est difficile,
De maintenir le fil

Qui doit nous mener,
À ce que soient acceptés

Les enfants fragilisés,
Qui ne sont pas épargnés

Alors que nous devrions,
Trouver une solution

Pour que nous soyons unis,
Et qu'il n'y ait plus de conflits

Face à toutes ces souffrances,
Dues à la méconnaissance

De ce qu'est le handicap,
Qui n'est pas une étape

Il nous rend plus fort,
Et vous avez tord

De le repousser,
Il devrait vous rapprocher

Car on fond on se ressemble,
Arrêtons cette terre qui tremble

Je te regarde,
Sans crier garde

J'ai le secret espoir,
De ne plus broyer du noir

Car je me bats,
Pour que tu sois là

Avec tous les enfants,
Qui ne font pas semblant

Mais aussi les adultes,
Dont la pensée résulte

Pour un monde meilleur,
Ou nous n'aurons plus peur

Plus de questions,
Car tu es un champion

Tu grandiras,
Et feras de bons choix

Notre société,
Saura t'accepter

Car ils auront compris,
Que la bataille n'est pas finie

Et qu'il est grand temps,
De se comporter intelligemment

J'aime les enfants,

Ils sont épatants

De se livrer entièrement,

Et se battre dignement

Ils ont le sourire,

Malgré tout ce qu'ils doivent subir

Leur innocence,

Et toute cette confiance

Qu'ils nous donnent généreusement,

Sans être dans le tourment

De l'injustice,

Qu'il faut qu'ils subissent

Car pour être accepté,

Il faut être déterminé

Pour avoir le droit d'être scolarisé,

Il faut se déchaîner

Contre une multitude de démarches,

Qui ne nous facilite pas la tâche

Puis, les administrations,

Qui manquent de solutions

Pour qu'ils puissent être intégrés,

Sans avoir à sombrer

Dans une spirale infernale,

Qui fait tellement mal

Car nous avons des droits,

Et n'avons d'autres choix

Que de rester unis,

Car la bataille n'est pas finie.

Pour une fois,

Je veux penser à moi

Et ne plus être envahie,

Par ce qui nous détruits

Il ne faut rien lâcher,

Mais nous devons nous accrocher

Aller au bout de nos convictions,

Sans céder à la pression

Respecter nos valeurs, Sans

jamais avoir peur

Des retours de bâtons,

Qui un jour finiront

Par avoir raison de nous,

On ne veut plus prendre coups

Ce que l'on demande,

Ce n'est pas une offrande

On veut juste que la loyauté,

Se fasse avec sincérité

Pour nos enfants différents,

Qui bientôt deviendront grands

Il ne faut pas,

Que nous défions les lois

Tout devrait être naturel,

Sans qu'il y ait de querelles

Car l'inclusion,

Doit être une résolution

A toi petit garçon,

Rempli de passion

Continue de rêver,

On n'a pas fini de batailler

Pour un monde meilleur,

On n'aura plus peur

Que tu sois blessé,

Parce qu'ils sont sans pitié

Ils ne comprennent pas,

Pourquoi tu te bats

Alors que tu devrais vivre,

Plutôt que survivre

Tu mérites tellement,

De t'épanouir librement

Et ne pas te préoccuper,

De tous ces préjugés

Qui ne sont que le reflet,

D'une douloureuse plaie

Qui un jour se refermera,

Sans que tu t'en aperçois

Car je me battrais,

Toujours dans le respect

Pour que tu obtiennes enfin,

Le droit d'aller à l'école tous les matins

Manuela SEGUINOT

© 2020, Manuela Seguinot

Edition : Books on Demand,
12/14 rond-Point des Champs-Elysées, 75008 Paris
Impression : BoD - Books on Demand, Norderstedt, Allemagne
ISBN : 9782322192366
Dépôt légal : Janvier 2020